A Orléans, de l'Imprimerie de COURET DE VILLENEUVE, Imprimeur du Roi, 1 *vol.* in-8°. *prix* 2 liv. 8 f. *broché*; & à Paris, chez NYON, Libraire, rue du Jardinet, & CUCHET, Libraire, rue & hôtel Serpente.

LE POUR
ET
LE CONTRE
SUR CETTE QUESTION
PROPOSÉE
PAR L'ACADÉMIE
DE BESANÇON,
POUR LE PRIX DE M. DCC. LXI.

LE DESIR DE PERPÉTUER SON NOM ET SES ACTIONS DANS LA MÉMOIRE DES HOMMES, EST-IL CONFORME A LA NATURE ET A LA RAISON ?

A LYON,
Chez LES FRERES PERISSE, Libraires,
grande rue Merciere.

M. DCC. LXI.

PRÉFACE.

C'Est un spectacle intéressant de voir des rivaux qui s'aiment & des concurrents qui ne cherchent point à se nuire. Nous avons travaillé pour le prix de l'Académie de Besançon, & nous n'avons pas cessé de nous aider mutuellement de nos lumieres. L'un des deux a été couronné, l'autre n'a eu que la seconde place,

PRÉFACE.

& il n'en a point été fâché; bien sûr d'occuper toujours la premiere dans le cœur de son ami.

Il peut se faire très-aisément que le Public n'approuve pas notre façon d'écrire ; mais il aimera certainement notre maniere d'agir. Elle est une preuve que la jalousie & les animosités ne sont pas les compagnes inséparables de tous ceux qui cultivent les Lettres.

DISCOURS

DISCOURS
QUI A REMPORTÉ LE PRIX:

Par le P. JACQUET, Jésuite.

UN mépris décidé de la vie, une avidité singuliere de se survivre à soi-même, semblent avoir caractérisé tous les héros. D'où pouvoient naître dans eux de pareils sentiments ? Pourquoi, dédaignant l'instant qui passe, le seul dont l'homme soit véritablement le maître, portoient-ils tous leurs regards sur l'avenir, & sur l'avenir le plus reculé ? Ont-ils été les jouets d'une illusion puérile, les esclaves du préjugé ? Un soupçon si injurieux doit être appuyé sur les preuves les plus convainquantes. Mais le defir de s'immortalifer eſt-il infpiré par la nature, eſt-il conforme à la raiſon ? Remontons, s'il ſe peut, à ſon origine, pénétrons dans ces grandes ames qui ont étonné l'univers, dans les cœurs de ces héros qui ſe ſont dévoués, immolés pour le ſalut & le bonheur de leurs ſemblables : c'eſt, ſi j'oſe m'exprimer ainſi, dans les entrailles de ces illuſtres victimes que je dois chercher ma réponſe.

Une idée s'offre à mon eſprit, & ſemble l'éclairer. Rien n'eſt plus dans la nature que les paſſions ; la raiſon même, trop foible pour les détruire, ne peut que les diriger à une fin honnête & utile, & les contenir dans les bornes qu'elles ne doivent pas franchir. Or le deſir de s'immortaliſer eſt une paſſion ; il eſt donc bien conforme à la nature ; c'eſt la plus noble, la plus utile, la moins dangereuſe des paſſions ; la raiſon, loin de vouloir le proſcrire, doit donc l'autoriſer.

PREMIERE PARTIE.

L'ame a des besoins, & souvent aussi des préjugés : de là naissent les divers mouvements qui l'agitent. Avide d'une félicité qu'elle ne sait pas trouver dans son propre fonds, elle s'élance vers les objets qu'elle croit propres à rassasier la faim qui la dévore. Ces efforts qu'elle prend d'elle-même, sont ses passions.

Les préjugés ne l'affectent pas moins vivement, dès qu'ils sont venus à bout de la subjuguer : souvent ils lui inspirent des haines, des transports, tels que la fureur des duels, les emportements du fanatisme, & tant d'autres mouvements convulsifs, qu'on ne regarda jamais comme des passions véritables.

Saisissons donc le caractere qui distingue les passions des secousses tumultueuses que l'ame reçoit des préjugés. Agitée par ceux-ci, elle ne fait qu'obéir en aveugle à des ressorts étrangers; entraînée par celles-là, elle cede à un besoin pressant : c'est elle-même qui, sans être poussée par aucun mobile placé hors d'elle, s'élance vers des biens dont l'amorce séduisante l'attire.

Ce caractere distinctif, je le trouve dans le desir de s'immortaliser. Oui, c'est mon ame qui, sans l'influence d'aucun préjugé, forme ce desir. En effet, je trouve en elle des motifs bien capables de le lui faire concevoir; je ne vois aucun préjugé qui puisse le lui inspirer. Il est donc l'effet d'une passion bien naturelle. Arrêtons-nous enfin à ces deux idées.

L'amour de soi-même, sentiment si naturel à l'homme, suffit pour l'allumer dans lui. Nous touchons à la racine de toutes les passions; suivons ses accroissements, ses développements successifs, & nous en verrons sortir le desir de s'immortaliser. N'est-ce pas l'amour de soi-même qui rend l'homme si sensible aux louanges ? En vain l'ame la plus stoïque affecte-t-elle de dédaigner les suffrages de ceux qui l'environnent : vaine oftentation ! La faine philosophie n'endurcit point l'ame, & ne la ferme point aux douces impressions que doit produire une louange méritée. Héros modeftes, Sages fans oftentation, on ne vous verra point mendier des applaudiffements, & vous enivrer d'un encens groffier ; mais vous ne rejetterez point une louange équitable, apprêtée par une main habile : fi un pinceau délicat trace votre portrait avec fes graces naturelles, vous vous y reconnoîtrez fans peine, vous fourirez même à cette image agréable & fidelle : convenez que votre cœur ne fait point fe roidir contre le chatouillement de la louange. * Et pourquoi rougiriez-vous d'un fentiment que la nature a mis dans vous ? c'eft dans votre ame qu'eft le principe de cette fenfation délicieufe. Nous fom-

---

* Non ego... laudari metuam, neque enim mihi cornea fibra eft. *Perf.*

mes nos premiers flatteurs, dit Plutarque *; & parce que nous nous aimons, nous cherchons autour de nous des suffrages qui confirment la bonne opinion que nous en avons conçue.

De ce premier sentiment, dont l'origine est bien dans la nature, j'en vois naître un second, le desir de la célébrité. Non contente de trouver autour d'elle des approbateurs, l'ame s'empresse d'en chercher dans les pays les plus éloignés ; applaudie par ce petit nombre d'amis, de concitoyens qui vivent dans les mêmes murs, bientôt elle se trouve trop resserrée dans une enceinte si étroite, & cherche à se donner en spectacle sur un théatre plus vaste : portée sur les ailes de l'imagination, elle prend son essor, & s'empresse de parcourir le monde entier. Que dis-je, parcourir ? elle se reproduit en quelque maniere, pour se porter en même temps par-tout où les cent bouches de la renommée peuvent

---

* *De discrimine adulatoris & amici.*

se faire entendre ; elle vole d'un pole à l'autre, pour recueillir les éloges qui accompagnent son nom & le souvenir de ses actions.

Du desir de la célébrité je vois enfin jaillir celui de l'immortalité. Si l'ame peut se transporter chez les peuples les plus éloignés, & entendre leurs acclamations, pourquoi ne pourroit-elle pas voyager chez la postérité, & se repaître de ses éloges ? Lui en coûtera-t-il moins de rapprocher des climats, que de rapprocher des siecles ? L'intervalle des temps & la distance des lieux sont à son égard la même chose. S'il est naturel d'ambitionner les suffrages de tous les peuples, pourquoi n'aspireroit-on pas à ceux de tous les temps ? Une ame qui se trouve trop resserrée sous le climat où le Ciel l'a placée, sera-t-elle plus au large dans le siecle qui l'a vu naître ? Un desir satisfait en enfante un autre : l'insatiabilité, qui caractérise toutes les passions, ne lui a pas permis de se contenter des éloges de ses compatriotes ; lui permettra-t-elle de se borner à ceux de ses contemporains ? Non, en vain s'est-elle abreuvée des louanges de tous les peuples, sa soif n'en est que plus irritée ; ce n'est que dans l'océan immense de l'immortalité qu'elle peut l'éteindre, & c'est là qu'elle va se plonger & s'abymer toute entiere.

Voilà donc l'origine du desir de s'immortaliser dans le sentiment le plus naturel à l'homme, dans l'amour propre. Pour le faire naître du préjugé, on dira sans doute qu'il n'entre pas dans tous les cœurs, qu'il n'a pas de prise sur les conditions obscures, qu'il est inconnu à des peuples entiers ; & cependant c'est chez ces peuples que nous appellons sauvages, dans qui la nature n'a point reçu d'altération, c'est dans ces conditions obscures, où l'éducation n'a pu faire entrer le préjugé, qu'il faut chercher la nature.

Le desir de s'immortaliser n'est pas

universel, je l'avoue, & il ne doit pas l'être. Toutes les passions ne se développent pas dans tous les cœurs. Celle-ci est la passion des grands hommes, elle ne peut entrer que dans l'ame des héros. Il est sans doute des peuples indolents qui passent le jour à dormir ou à fumer, & dans qui on ne voit pas les plus légers vestiges d'ambition, d'amour de la gloire. L'amour de la gloire & l'ambition cessent-elles pour cela d'être des passions naturelles ? Il est aussi dans certaines conditions, des hommes en qui les besoins les plus pressants absorbent presque toute autre passion, & qui dépourvus des secours les plus nécessaires à leur conservation, sont sans cesse obligés de penser au présent. Faut-il en conclure que toutes les passions sont l'ouvrage du préjugé ? L'éducation peut altérer la nature ; mais dans ces conditions obscures, parmi ces peuples sauvages dans qui l'éducation ne fait rien, la nature n'est-elle point trop brute, est-elle assez développée ?

Je me figure toutes les passions comme les différentes branches d'un grand arbre dont la racine est dans le cœur ; cette racine féconde, c'est l'amour propre : de cet amour naît celui des louanges ; à celui-ci tient le desir de la célébrité ; de ce dernier enfin part un autre rejeton d'une étendue immense, & qui pénetre tout le chaos des temps. Doit-on être surpris si la même racine n'a pas les mêmes accroissements dans tous les cœurs ? Dans des ames sans culture, dans des ames toujours opprimées sous le poids de la misere, desséchées, pour ainsi dire, par l'aridité de la disette, le desir de s'immortaliser peut-il se faire jour & se développer ?

Mais ne nous arrêtons pas sur la surface de l'ame, sondons-en toute la profondeur. C'est dans la simplicité & l'incorruptibilité de sa nature que nous découvrirons le germe du desir de s'immortaliser.

Les desirs naissent des besoins, &

tendent au bonheur. L'ame doit donc en former qui embrassent des objets égaux à sa durée, & qui puissent la rendre heureuse aussi long-temps qu'elle existera. Avertie par le sentiment intime de son immortalité qu'elle existera toujours, elle doit donc s'attacher à des objets qui soient réellement, ou du moins qui lui paroissent immortels. Je touche enfin à la racine que je cherchois : c'est parce que mon ame ne doit jamais cesser d'être, qu'elle forme ces desirs que le temps ne peut borner. Oublié-je un instant cette vérité lumineuse ? la nature de l'homme ne m'offre qu'un tissu de contradictions ; je trouve en lui des sentiments que je ne puis concilier. D'une part la crainte de la mort ; de l'autre l'intrépidité avec laquelle il sacrifie ses jours, & semble chercher une nouvelle existence dans ce sacrifice. Ces deux sentiments si opposés me paroissent cependant également dictés par la nature. O nature ! mere commune de tout ce qui respire, toi qui es un guide si sûr pour les animaux, qui leur apprends à éviter tout ce qui pourroit leur nuire, pourquoi faire illusion à l'homme, pourquoi mettre dans lui des sentiments si contraires entre eux, & plus contraires encore à sa conservation ? Je m'égare... je perds le fil qui doit me conduire dans le labyrinthe. J'oublie qu'il y a dans l'homme une substance qui ne périra jamais. Ce mot répond à tout, & fait disparoître toutes les contradictions. La plus noble partie de l'homme, celle en qui résident toutes ses idées, tous ses sentiments, l'ame, dis-je, est immortelle. La nature ne doit donc pas lui tenir le même langage qu'aux animaux. Que des êtres dont l'existence dépend de l'harmonie de quelques organes, craignent tout ce qui peut en déranger le méchanisme, je n'en suis pas surpris : c'est là le seul rempart qui les sépare du néant. En eux la crainte de la mort n'est autre chose que l'horreur de l'anéantissement. Les avertir de veiller à leur conservation, de fuir comme le souverain mal tout ce qui pourroit les faire cesser d'être ; voilà pour eux les seuls cris de la nature.

Ce n'est pas ainsi qu'elle doit parler aux hommes ; & s'il en est à qui elle ne fasse entendre autre chose, ce sont des ames de boue, qui sans cesse courbées vers la terre, sont incapables d'élever leurs regards sur l'avenir ; ce sont des ames toutes charnelles, que le poison de la volupté à plongées dans une profonde léthargie, & rendues trop semblables aux bêtes ; ce sont des ames criminelles, que l'idée seule d'un avenir glace d'effroi, & qui s'efforcent de se persuader que l'immortalité dont on les menace n'est qu'un épouvantail chimérique imaginé par la politique ou par la Religion, pour troubler leurs plaisirs. Mais faut-il chercher la nature dans des hommes qui en violent les loix les plus sacrées, qui étouffent ses cris les plus perçants ? Ah ! cherchons-la plutôt dans ces héros vertueux qui en sont le plus bel ornement. Que leur dit-elle ? qu'il y a en eux une substance incorruptible qui ne périra point sous les ruines de leurs corps, que leurs corps ne sont qu'un vêtement périssable & incommode, dont ils seront dépouillés un jour ; une prison, dont il ne leur est pas permis de se délivrer eux-mêmes, mais qui ne doit pas être leur tombeau ; que lorsque la main qui les y renferma, en rompra les barrieres, leur ame libre de tous ses liens entrera dans une carriere éternelle ; qu'enfin la mort n'est pas pour eux la fin de leur existence, mais un passage à une vie nouvelle.

Que ces idées sublimes s'accordent bien avec le desir de s'immortaliser ! Avouons-le cependant, malgré des lumieres si vives, la plupart des hommes s'aveuglent encore. Non, l'immortalité à laquelle ils aspirent, n'est pas celle qui leur est destinée. Ah ! si toujours éclairés par le flambeau de la Foi, ils en appercevoient le terme dans Dieu, sans doute ils ne s'attacheroient pas à poursuivre un fantôme d'immortalité ! Sûrs de goûter une félicité parfaite dans le sein de la Divinité, ils ne souhaiteroient pas de vivre dans la mémoire des hommes ! Osons le dire même : si l'homme ne perdoit jamais de vue les biens solides que la Foi lui propose, il n'auroit point de passions * ;

* J'appelle passion tout mouvement de l'ame vers quelque objet créé dont la privation & souvent même la jouissance la font souffrir. Il seroit facile, ce semble, de prouver que toutes les passions sont dans leur principe des mouvements essentiels à l'ame, mais qui ne sont pas dirigés par la lumiere de la Foi. Quelques détails rendront cette idée plus sensible. L'ame n'est pas à elle-même sa fin ; il faut donc qu'elle aime quelque chose hors d'elle. Cesse-t-elle de tendre au souverain bien ? il en résulte un vuide incommode, & c'est pour le combler qu'elle accumule ces métaux qu'on nomme richesses. Ainsi naît la cupidité. Créée à l'image de son Dieu, & destinée à régner, elle conserve même depuis sa dégradation un sentiment secret de sa grandeur. Dès qu'elle n'en voit plus le véritable terme dans Dieu, elle tâche de dominer sur la terre, de s'élever au dessus de ses semblables. Ainsi ce sentiment précieux, qui devroit la ramener à son principe, devient vanité, orgueil,

elles sont toutes des égaremens de l'ame, qui au lieu de s'élever jusqu'au Créateur, source unique des vrais biens, s'arrête aux créatures.

Quand l'image de la Divinité fut obscurcie dans les esprits, l'homme ne connoissant plus le véritable objet de son culte, se fabriqua des Dieux. Son idolâtrie prouve combien étoit puissant dans lui le sentiment de sa dépendance d'un premier être; puisque malgré son aveuglement, plutôt que de ne rien adorer, il prodigue

---

ambition. Dieu a mis dans elle un penchant invincible pour le beau, pour le bon : détourne-t-elle un moment ses regards de l'Etre qui est la beauté & la bonté par excellence ? il est naturel qu'elle s'attache aux objets qui lui paroissent participer le plus à ces brillantes qualités dont Dieu laisse émaner quelques rayons sur ses ouvrages; & voilà l'amour profane. Persuadée qu'elle existera toujours, parce qu'elle ne sent en elle aucun principe de destruction, elle perd bientôt de vue le vrai séjour de son immortalité; aussi-tôt elle cherche à établir sa demeure sur la terre, & à vivre dans la mémoire des hommes. Toutes les passions sont donc des mouvements naturels à l'ame; mais ce sont les mouvements d'un aveugle, qui loin de tendre à son but, se perd dans quelque précipice. Eclairés par le flambeau de la Foi, ces mouvements ne tendroient plus aux objets créés, ils aboutiroient tous au Créateur; & voilà pourquoi je n'ai pas craint de dire qu'avec une foi vive, l'homme n'auroit point de passions.

son

son encens à des idoles qui ne méritent que ses mépris.

C'est par un aveuglement à peu près semblable qu'il aspire à s'immortaliser dans la mémoire des hommes. Il prend le change, je l'avoue, il s'égare : mais puisque, malgré les ténebres dont il est enveloppé, il court encore après une vaine ombre d'immortalité, il faut que ce desir soit le fruit d'une passion bien forte & bien naturelle.

J'ajoute qu'il ne peut être l'effet d'un préjugé. Nouvelle preuve qui nous forcera à en reconnoître la source dans la nature.

Un sentiment aussi ancien que l'homme doit être né avec lui. Connoît-on quelque préjugé dont l'origine remonte à la naissance du monde ? Ces opinions factices ont eu leurs inventeurs. Un sentiment répandu sur toute la terre, connu de tous les peuples, ne peut être que l'ouvrage de la nature. On pourra trouver des préjugés chez toutes les

B

nations : ces petits tyrans de la raison ont pu démembrer son empire, établir leur domination dans quelque partie du monde ; mais en connoît-on un qui ait pu subjuguer toute la terre ?

Si le desir d'immortaliser son nom est fondé sur un préjugé, qu'on en assigne donc l'origine. En vain je remonte dans les siecles les plus reculés ; je ne puis fixer l'époque de sa naissance. Je * vois les peres des peuples élever de concert une tour superbe, pour immortaliser leur nom. Par-tout je trouve des monuments & des inscriptions ; je vois des hommes qui font métier de penser, de donner des leçons de sagesse, de faire la guerre aux préjugés, mettre leur nom à la tête de leurs écrits, des artisans le graver sur leurs meilleurs ouvrages ; le laboureur sous le chaume, pleurer un fils unique qui n'eût hérité que de sa misere, mais qui

---

* Celebremus nomen nostrum antequam dividamur in universas terras. *Gen. XI.*

eût fait revivre son nom. Si j'égare ma vue sur la vaste étendue des mers, je trouve encore des noms gravés, pour ainsi dire, sur cet élément où l'on ne peut imprimer des traces durables, je vois des navigateurs hardis se consoler des travaux les plus opiniâtres, oublier les plus affreux dangers, en laissant leur nom à quelques terres jusqu'alors inconnues, à quelque isle sauvage ou déserte. Si je porte mes regards dans les cieux, tous les astres me répetent les noms de ceux qui se sont appliqués à les découvrir, ou à les faire connoître. Enfin jusques dans les bras destructeurs de la mort, je trouve des noms conservés en dépit d'elle sur la pierre & sur les métaux : oui, jusques dans les tombeaux le desir de s'immortaliser s'éleve encore des trophées. Ainsi même en cédant aux coups de l'inexorable mort, l'homme semble se consoler du malheur de n'être plus, en apprenant à ceux qui lui survivent qu'il a été ; & dans la ruine totale

B ij

de sa fortune & de sa grandeur, il s'empresse d'en sauver quelques débris, & de conserver son nom.

Visitez tous ces monuments, vous pour qui l'immortalité n'est qu'une chimere ; recueillez tous les noms qu'ils ont transmis, & composez-en la liste de ceux que vous appellez les esclaves du préjugé. Vous y trouverez des bienfaiteurs & des amis des hommes, des héros de tous les genres, des Monarques qui ont fait les délices de leurs sujets, des Sages dont vous êtes forcés d'ailleurs d'admirer les lumieres, des génies créateurs qui ont perfectionné les Arts. Mais vous n'y trouverez point de ces ames basses & rampantes qui se sont bornées à vivre pour elles ; point de ces Rois fainéants qui n'ont mérité ni par leurs actions, ni par leurs bienfaits qu'on se souvînt qu'ils ont vécu ; point de ces hommes voluptueux concentrés dans le cercle étroit de leurs plaisirs, & qui, fardeaux inutiles de la terre, n'ont su, comme les plus vils animaux, qu'en dévorer les fruits ; point de ces scélérats, à qui la crainte de l'infamie & de l'exécration de la postérité n'a pu servir de frein ; point de ces hommes à demi-brutes, qui à travers la férocité de leur caractere laissent à peine entrevoir quelques traits de l'humanité... Sont-ce donc là les Sages que vous nous donnez pour modeles ?

Si le desir de s'immortaliser est fondé sur un préjugé, qu'on nous dise quel préjugé a pu le produire. Pour aspirer à l'immortalité par préjugé, il faut penser & se dire à soi-même : J'entendrai d'âge en âge les applaudissements des siecles à venir, ils parviendront jusqu'à moi, mes manes se repaîtront délicieusement de leur encens... Cette idée insensée exista-t-elle jamais ? du moins peut-on l'imputer à ceux que le desir de s'immortaliser a animés ? Ah ! si tel a été leur motif, ces héros si vantés sont à mes yeux les plus insensés des hommes. Mais non : ils savoient, & il ne faut pour cela qu'une mesure de philosophie trop modique, pour qu'on puisse la contester à des ames si éclairées, ils savoient, dis-je, que l'immortalité du nom n'est qu'une existence imaginaire. Pourquoi poursuivoient-ils donc ce fantôme d'immortalité ? Ce n'étoit pas dans l'espérance de jouir après leur mort de l'estime de la postérité, mais parce qu'ils en jouissoient même pendant leur vie. Déjà ils s'imaginoient entendre leur nom répété dans tous les siecles, le souvenir de leurs exploits célébré dans tout l'univers. Une idée si agréable ne devoit-elle pas être bien capable de les flatter ?

Cessons d'interroger la nature : elle se fait assez entendre à ceux qui m'écoutent. Quand elle a donné les talents qui menent à l'immortalité, peut-elle ne pas en inspirer le desir ? Mais ce desir soutiendra-t-il l'examen de la raison ? J'ose l'espérer : la raison condamneroit-elle un sentiment si noble & si utile, un sentiment que la nature inspire?

SECONDE PARTIE.

N'est-il pas ridicule de se sacrifier sur une breche, pour embellir une gazette; de se consumer de veilles & de travaux, pour faire vivre quelques syllabes; de s'ensevelir tout vivant, dans l'espérance de se survivre à soi-même? Lorsque la mort a terminé nos jours, qu'est-ce que cette immortalité dont nous étions si avides? un vain bruit, qui n'est pas même un bruit pour nous. Il est vrai que le desir de s'immortaliser envisagé sous cet aspect doit paroître insensé : mais est-il une passion qu'on ne puisse convaincre de folie? si l'on s'applique à décomposer l'objet qu'elle se propose, en est-il une qui puisse soutenir une pareille analyse?

Mettons dans le creuset, je dirois mieux peut-être, dans l'alambic de la raison, les biens que les passions recherchent ; qu'en résultera-t-il autre chose qu'un peu de fumée ? Que sont ces trésors que la cupidité entasse ? des biens de pure convention : on s'est accordé à donner le nom de richesses à certains métaux ; on eût pu le donner à un monceau de sable, à un amas de pierres. Que sont ces dignités dont l'ambitieux est si avide ? des échasses qui l'élevent sans le rendre plus grand ; un masque qui le déguise sans le rendre plus beau. Que sont ces plaisirs dont la volupté s'enivre ? des breuvages enchantés qui laissent dans le cœur le dégoût, & souvent même le poison des remords. Fiere de ces découvertes, la raison doit-elle dire aux hommes : Insensés que vous êtes ! vous courez tous après des biens chimériques ? * Il est vrai, pourroient-

---

* Il n'appartient qu'à la Religion de leur parler ainsi ; parce que en même temps qu'elle découvre la vanité des biens que les passions recherchent, elle nous en montre de solides : ce que la raison ne peut faire.

ils répondre, nous courons après une félicité imaginaire ; mais l'imagination est un enchanteur habile qui donne un corps aux fantômes qu'elle produit. Nous n'avons que des biens frivoles ;... nous en proposez-vous de plus solides ? si quelqu'un, après nous avoir dépouillés de nos trésors, nous prouvoit en forme que ces métaux si recherchés ne sont pas des biens réels, seroit-il moins coupable de larcin ?

L'homme épris du desir de s'immortaliser pourroit dire à son tour : L'immortalité n'est rien dans les idées abstraites de votre sombre philosophie ; mais elle ne se montre pas ainsi à mon imagination : c'est elle cependant qui donne le prix aux biens, elle qui décide du bonheur. Si je fais un songe agréable, Philosophe importun, pourquoi l'interrompre ? je ne veux point de ces lumieres tristes qui m'affligent en m'éclairant, & ne me laissent voir autour de moi qu'un vuide affreux.

Ce n'est pas ainsi que la raison doit faire la guerre aux passions. La passion de s'immortaliser, ainsi que toutes les autres, porte un caractere de folie. Malgré cela cependant, je ne crains pas de dire qu'elle est très-conforme à la raison : non pas à cette raison pointilleuse qui s'égare dans des spéculations stériles, qui s'amuse à disséquer les objets des passions, à en sonder le vuide ; mais à cette raison saine & droite qui ne s'écarte jamais des regles qu'elle doit suivre. Elle sait que les passions sont des erreurs, des égarements de l'homme, & qu'elle ne peut les étouffer. Ainsi loin de goûter le plaisir cynique de les lui reprocher, elle s'applique à leur donner un frein, à les diriger à une fin honnête & utile ; & dans le jugement qu'elle porte des passions, elle approuve, elle autorise celles qui peuvent procurer des avantages véritables, & dont on n'a point à craindre d'excès fâcheux. Or de toutes les passions, il n'en est aucune qui réunisse mieux ces deux caracteres que le desir de s'immortaliser.

Faisons taire pour un moment ces petits intérêts, qui rétrecissent notre ame ; laissons y entrer le desir de l'immortalité : aussi-tôt nous sentirons qu'il l'agrandit, qu'il lui communique son immensité. En effet il répand dans l'esprit les plus vives lumieres, il allume dans le cœur les plus héroïques sentiments.

Qu'on me donne un homme animé du desir de s'immortaliser : je trouve en lui les idées les plus justes. Incapable de fixer ses regards sur l'instant qui passe, avide de les porter dans l'avenir le plus reculé, il s'élance, pour ainsi dire, au dessus de la terre, & mesure de l'œil toute l'étendue des temps. Placé sur ces hauteurs, de quel œil envisage-t-il le temps ? comme une onde rapide qu'il voit couler sous ses pieds. Et cette portion du temps qui compose la vie de l'homme ? comme une vapeur légere échappée de cet océan immense, où elle va bientôt s'abymer. Que paroissent à ses yeux les richesses ? un amas de poussiere que le vent de la fortune dissipe, & porte ailleurs à son gré. Les dignités ? des habits de théatre, dont on se dépouille en quittant la scene. Et ces projets de fortune dont la plupart des hommes s'occupent ? des châteaux de cartes qu'un souffle renverse. Richesses, dignités, plaisirs, lueurs trompeuses qui séduisent le vulgaire, il les voit s'éteindre dans le tombeau : la mort s'érige des trophées de ces superbes dépouilles. Sera-t-il ébloui par les actions qui n'ont que de l'éclat ? les préférera-t-il au mérite solide des actions vertueuses ? cet éclat passager ne va point jusqu'à la postérité. Tandis qu'il voit une foule de guerriers ensevelis dans l'oubli, ou confondus dans la multitude des soldats heureux ; il voit un Pylade immortalisé par sa tendre & constante amitié pour le malheureux Oreste ; une Artemise célebre à jamais par la douleur que lui causa la mort de son époux ; un Titus plus connu par un mot dicté par l'humanité, que par ses conquêtes & par ses triomphes.

Que d'héroïques sentiments, que de vertus doivent entrer dans son ame à la suite de ces idées sublimes ! Mépris de la vie & des douceurs frivoles qu'on peut y goûter, indifférence pour les richesses, & pour toutes les faveurs de la fortune, dégoût des plaisirs ; tous ces sentiments, sans lesquels l'homme ne peut s'élever au dessus de lui-même, sont les premiers fruits que fait naître en lui le desir de s'immortaliser. Tous ces honteux liens qui nous tiennent attachés à la terre, & qui accablent notre ame, la passion de s'immortaliser les brise, les consume. Une ame qui en est dégagée trouvera-t-elle rien qui l'arrête ?

Faut-il se dévouer pour le salut de la patrie, s'immoler pour la défense d'un ami ?... ces sacrifices ne coûtent rien à un homme qui aspire à l'immortalité. La mort n'est point pour lui la fin de son existence ; elle le fait entrer dans cette carriere immense vers laquelle tous ses desirs le portoient.

Après cela je ne suis plus surpris de trouver dans Athenes un peuple de héros : Athenes est remplie de monuments & de statues qui montrent à tous les citoyens la route de l'immortalité. Je ne suis plus surpris de voir des héroïnes recevoir avec alégresse les cadavres sanglants de leurs fils immolés pour la patrie ; ils ne sont point morts pour elles, ces fils chéris ; ils vivront dans la mémoire de tous leurs concitoyens ; elles entendront tous les jours répéter leurs noms, elles les reverront dans ces monuments qu'on va leur élever, & à leurs yeux vivement frappés de l'image de l'immortalité, ces statues sans mouvement & sans chaleur feront encore revivre ce qu'elles ont perdu. Je ne suis plus surpris de voir des Savants, des Artistes se consumer par des travaux pénibles. Ils abrégeoient leurs jours, & ils ne pouvoient se le dissimuler : au lieu d'une vie douce & commode que leurs talents sembloient leur promettre, la retraite, les veilles, la disette, les maladies filerent tout le tissu de leurs jours. Mais que sont tous ces grands noms de richesses, de santé, de plaisirs, pour des hommes qui n'aspirent qu'à l'immortalité ? cette seule passion absorbe toutes les autres, & occupe tous les ressorts de leur ame. Sentiment sublime ! il divinise l'homme, si je puis m'exprimer ainsi, il le rend immortel en quelque maniere dès cette vie ; & de quoi les immortels ne sont-ils pas capables ? que peuvent-ils appréhender ?

Aucune de ces craintes qui nous glacent & nous engourdissent ne peut trouver place dans un cœur qui tend à l'immortalité. Craindroit-il les caprices du Public ? Ce n'est pas à lui, c'est à la postérité qu'il veut plaire. L'inconstance de la fortune? Il ne veut rien tenir d'elle. La malignité de l'envie? Il sait qu'avec le temps sa vertu percera les nuages dont on s'efforce de l'obscurcir. Les fureurs de ses ennemis? Elles ne lui survivront que pour donner un nouveau lustre à sa gloire. Il sait que les persécutions sont l'épreuve du vrai mérite; que c'est par la route des revers qu'on arrive plus sûrement à l'immortalité. En vain on l'accuse, on le condamne; il en appelle dans son cœur à un tribunal qui doit juger ses Juges eux-mêmes; il lit dans l'avenir les suffrages flatteurs qui doivent rétablir sa mémoire.

Que craindra-t-il donc? Rien autre que la postérité; juge équitable & sans passion, qui lui pardonnera quelques foiblesses, s'il les a rachetées par beaucoup de vertus; juge sévere & incorruptible, qui ne fera pas grace aux crimes heureux, qui poursuivra le vice jusque sur le trône,

&

& démasquera les fausses vertus. Avec cette seule crainte, non seulement il osera être vertueux, il sera encore en quelque maniere forcé de l'être.

Et voilà sans doute l'effet le plus intéressant que produise le desir de s'immortaliser; puisqu'il ne permet pas d'appréhender que cette passion se porte jamais à des excès funestes.

Bien différent des autres passions, qui sont tout à la fois le germe de quelques vertus & de beaucoup de vices, le desir de s'immortaliser, sentiment si fécond en héros, n'enfanta jamais de crimes. On ne va point à l'immortalité par la voie des forfaits; ou du moins l'on n'y va que pour éterniser la honte qu'ils traînent à leur suite. L'Histoire ne nous présente qu'un homme (& cet homme devoit être un insensé) qui ait voulu se rendre fameux par un grand crime... Oserai-je nommer Erostrate, dont la mémoire semble avoir été si justement condamnée à l'oubli? Oui, qu'il revive dans tous les âges, pour être la victime sans cesse renaissante & sans cesse immolée à l'exécration publique. Est-il à craindre que personne aspire à cette affreuse immortalité ? Le desir de faire vivre son nom suppose nécessairement la crainte de l'infamie ; & cette crainte salutaire est un frein qui détourne du crime.

Qu'on ne m'oppose point ces conquérants qui ont désolé la terre, ces usurpateurs qui se sont élevés par des crimes heureux. Ce n'est point à l'immortalité qu'ils aspiroient. Les hommes vraiment immortels sont comme ces fleuves bienfaisants qui portent la fécondité & l'abondance sur leurs rives, & qui n'épuisent point tout-à-coup leurs eaux, parce qu'ils doivent durer toujours. Ces tyrans heureux, ces héros sanguinaires qui ont étonné quelques moments l'univers, ressemblent bien mieux à ces torrents qui n'ont qu'une existence passagere, & dont on ne se souvient qu'avec horreur. Leurs monuments sont des ruines, des villes saccagées, des campagnes désolées ; les gémissements & les sanglots de ceux qu'ils ont rendus malheureux, sont les seules voix qui attestent à la postérité qu'ils ont vécu. Ah! je ne puis croire qu'un homme veuille aller à l'immortalité chargé des anathêmes de tous les siecles. Ce sentiment n'est délicieux pour moi qu'autant qu'il me promet que mon nom sera répété avec complaisance : je veux qu'il excite encore les regrets de mes derniers neveux ; qu'ils envient le sort de leurs ancêtres que j'aurai comblés de mes bienfaits ; qu'en répétant mon nom, ils me reproduisent en quelque maniere par leurs souhaits. Mais qu'il périsse plutôt que d'être un objet de terreur pour tous les siecles ! Vit-il en effet, si l'on ne le répete que pour maudire le jour qui me vit naître ? n'est-ce pas là plutôt mourir tous les jours, qu'être immortel ?

Qu'on ne m'oppose pas non plus ces hommes célebres par leurs talents,

& plus fameux encore par l'usage criminel qu'ils en ont fait. Jamais ils n'éleverent leurs pensées jusqu'à l'immortalité. Ils étoient trop éclairés pour ne pas voir que le venin répandu avec tant d'art dans leurs écrits, paroîtroit un jour dans toute sa noirceur. Si le Ciel eût mis dans mon ame quelques étincelles de ce beau feu qui perce la nuit des temps, je ne voudrois pas que les siecles à venir pussent dire de moi : Il eut de grands talents, mais il en fit un abus énorme. Le flambeau du génie n'a été entre ses mains qu'un feu destructeur, qui a porté le ravage dans la Religion & dans les mœurs : c'est à ses écrits qu'on doit ces maximes lubriques qui ont fait goûter le vice, en le dépouillant de ce qu'il avoit d'affreux ; ces maximes licencieuses qui ont affoibli l'esprit de soumission dans les sujets & ébranlé le trône des Souverains ; ces maximes impies qui ont fait déserter les temples de la Religion, sappé ses autels, & immolé ses Ministres au ridicule & au mépris. Que le temps destructeur dévore mes écrits, qu'il en efface du moins mon nom, s'ils doivent être un sujet de scandale pour les gens de bien, une occasion de chûte pour les ames foibles ! Et s'ils me survivent, que ce soit pour passer entre les mains des hommes vertueux ! qu'en les lisant, ils trouvent toujours la vertu plus aimable, & se sentent portés à devenir plus vertueux encore ! qu'un pere sage les fasse apprendre à ses enfants, un maître à ses eleves, pour leur inspirer l'amour du devoir, de la Religion, de la patrie !

Tels sont les sentiments d'un homme qui aspire réellement à l'immortalité. Les retrouve-t-on dans ces héros sanguinaires, dans ces écrivains obscenes & impies qui ne se sont fait connoître que par leurs crimes & par leurs excès ? Je ne découvre en eux qu'une ambition effrénée, qu'un desir aveugle de la célébrité.

S'ils avoient porté leurs regards dans l'avenir, ils auroient vu que la postérité n'a que de l'horreur pour les scélérats heureux qui avoient surpris l'admiration de leurs contemporains, & que les seuls monuments indestructibles sont ceux que l'estime & l'amour élevent à la vertu.

Gardons-nous donc de confondre le desir de la célébrité avec celui d'immortaliser son nom. La passion d'être applaudi de son siecle est regardée comme une passion noble & utile; mais auprès du desir de s'immortaliser, qu'elle paroît basse & frivole! Un homme qui n'aspire qu'à l'estime de ses contemporains, aura-t-il la force de s'élever au dessus des préjugés de son siecle? C'est de son siecle qu'il veut mériter les suffrages: il sera donc forcé d'étudier ses caprices, de flatter ses préjugés, & souvent ses vices mêmes, de devenir le courtisan humble & soumis d'un Public inconstant, aveugle, bizarre, de rapetisser son ame & de la mettre, pour ainsi dire, de niveau avec la façon de penser d'une multitude corrompue. S'il naît dans un siecle où l'amour de la nouveauté domine, il affectera de s'écarter des grands modeles. S'il naît dans un siecle où la singularité, la licence, soient les caracteres distinctifs du génie, y aura-t-il rien de si sacré qu'il respecte ? l'estime de ceux qui l'environnent sera pour lui la seule regle de ses jugements ; les vertus qui ne sont plus à la mode, il les regardera comme des vertus surannées & inutiles. Ah ! si à la place de cette estime contemporaine dont il est si jaloux, il ambitionnoit les suffrages de la postérité, quelle noble indépendance entreroit dans son ame ! elle seroit aussi-tôt affranchie de l'esclavage où la réduit la tyrannie de la mode ; la vérité, la vertu recevroient tout son encens ; & leur empire s'étend sur tous les âges.

D'où naissent ces rivalités, ces guerres sanglantes entre des hommes que l'amour des Lettres devroit unir? Portez vos regards vers la postérité, oserai-je leur dire, l'estime de vos contemporains ne peut satisfaire votre ambition si vous ne l'obtenez seuls; c'est pour donner l'exclusion à des rivaux qui méritent de la partager avec vous, que vous livrez tous ces combats, où le vainqueur lui-même s'immole au mépris des vrais Sages. Mais ne vous renfermez pas dans une sphere si étroite ; marchez à l'immortalité : dans cette carriere immense vous pourrez courir tous ensemble sans vous heurter & sans vous croiser : vous verrez qu'il y a des couronnes pour tous les talents.

Portez vos regards vers l'immortalité, pourrois-je dire encore à tous les hommes que des motifs surnaturels n'animent pas. Lisez dans l'avenir le jugement que la postérité portera sur vous. Vous trouverez en elle un juge éclairé, aux regards duquel rien n'échappe : le voile dont vous enveloppez vos artifices, vos intrigues, vos fourberies, s'usera avec le temps. Un pareil spectacle loin d'enhardir au crime, doit, pour ainsi dire, épurer les vertus mêmes. Un homme qui veut réellement s'immortaliser, cherchera-t-il à en imposer par des vertus plâtrées ? il sait que ce foible enduit tombe avec le temps ; que la mort fera taire les flatteurs, effacera les titres fastueux, & livrera à la censure de la postérité des hommes dont on avoit déjà fait l'apothéose. Ainsi, persuadé que la plus légere tache paroîtra à ses yeux, il s'efforcera de purifier ses actions de tout ce qui pourroit en altérer le prix.

La raison condamne-t-elle une passion qui inspire de si nobles sentimens, qui empêche tant de crimes, qui épure les vertus ? Elle ne peut attaquer avec succès le desir de s'immortaliser, sans affoiblir d'autant la crainte de l'infamie. S'il importe peu à ma félicité que mon nom me survive, si mes manes sourds &

insensibles ne doivent pas entendre les applaudissements de la postérité, entendront-ils ses malédictions ? Cependant cette digue une fois rompue, quel nouveau déluge de crimes inondera la terre !

Quand je ne trouverois pas dans la nature l'origine du desir d'immortaliser son nom, je ne pourrois m'empêcher de croire que c'est le Conservateur & le Pere du genre humain, qui pour le bonheur de ses créatures en a jeté le germe dans leurs cœurs. Une passion qui met dans l'ame tant de générosité, qui semble la rétablir dans sa grandeur primitive, puisqu'elle la détache de la terre, est infailliblement l'ouvrage de la nature, & mérite l'hommage le plus profond de la raison.

Non est lugenda mors quam æternitas consequatur. Cic. de senect.

DISCOURS
SUR LE MÊME SUJET:

Par le P. PHILIPON *, Jésuite.*

Non omnis moriar. *Horat. Od.* 24. *lib.* 3.

C'EST pour obtenir des suffrages qui m'immortalisent que j'écris ce Discours. Mais ce sentiment que j'avoue avec transport, ce sentiment qui m'honore, &, pour entrer tout d'un coup dans mon sujet, ce desir de perpétuer son nom & ses actions dans la mémoire des hommes, est-il conforme à la nature & à la raison? Je le dirai, sans craindre qu'on accuse ma conduite d'être en contradiction avec mes principes, parce qu'il ne faut jamais diffimuler ce que l'on pense pour juftifier ce que l'on fait; je le dirai donc : je ne vois là qu'un de ces préjugés que l'amour propre appelle raifon, & que l'habitude nous fait confondre avec la nature.

Hommes illuftres dont le nom frappera nos oreilles tant que l'idée de la vertu ne s'effacera pas de notre efprit, je n'ôte rien à votre gloire. Eh quoi ! ne s'éclipferoit-elle pas entiérement aux yeux du Sage, fi le defir de vous immortalifer eût été le principe des actions qui vous immortalifent? Le zele de la patrie, l'amour du devoir, la paffion de la vertu, refforts puiffants fur les ames grandes & nobles, voilà ce qui vous faifoit agir, voilà ce que j'aimerois à développer : mais je fens bien qu'il ne me faut chercher mes preuves que dans la nature elle-même & dans la raifon.

La nature & la raison ! monuments précieux, dont l'étude fait naître une émotion délicieuse dans tout homme qui sent qu'il est né avec une ame ! C'est avec chaleur que je me livre à cette recherche ; & sans autre division que celle que me fournit tout naturellement la question proposée, je vais montrer que le desir de perpétuer son nom & ses actions dans la mémoire des hommes n'est conforme ni à la nature, ni à la raison.

PREMIERE PARTIE.

Je n'attaque point le dogme de l'immortalité de l'ame. Il est bien vrai que quelques Orateurs ont cru en appercevoir une nouvelle preuve dans ce desir d'éterniser sa mémoire ; mais seroit-ce la premiere fois que l'Eloquence auroit confondu des sophismes avec des raisons ? & ne me sera-t-il pas permis de le dire sans toucher à une vérité frappante que la raison toute seule porte jusqu'à l'évidence, & le sens intime jusqu'à la conviction ? Ce qui prouve l'immortalité de notre ame, c'est la simplicité de son principe, l'incorruptibilité de son essence, la nature même de ses opérations tout-à-fait indépendantes de la matiere ; & pour dire encore plus que tout cela, c'est cette soif de bonheur dont brûlent tous les êtres raisonnables ; c'est cet amour du vrai, cette avidité de connoître qu'on remarque généralement dans tous les hommes. Car après tout, que veulent dire ces besoins, qu'un Dieu bon ne nous eût jamais donnés s'il n'eût pas voulu les satisfaire, & qui ne sauroient l'être ici-bas ? Ils nous annoncent que l'ame de l'homme survivra à l'homme, & ira se désaltérer pleinement dans les sources du bonheur & de la vérité.

Ces preuves sont touchantes. Gardons-nous de les affoiblir en leur associant un préjugé qui ne porte sur aucun fondement. Quelques réflexions sur notre nature nous apprendront bientôt que ce desir de perpétuer son nom & ses actions ne lui est du tout point conforme. Ce n'est pas assez ; elles nous convaincront qu'il lui est en quelque sorte contraire. Deux propositions toutes simples, dont le développement plus simple encore me paroît porter le caractere de la vérité.

Pour peu qu'on ait essayé d'étudier ses semblables ou de se replier sur soi-même, on a dû s'appercevoir combien il étoit difficile de remonter jusqu'à l'homme originaire & naturel à travers les changements qu'opere tous les jours dans nous cette foule de causes si souvent observées par le Philosophe, & à la tête desquelles je place la communication & l'habitude. O ! nature ! o ! toi, l'ame de ce vaste univers, à quels traits pourrai-je donc te discerner encore dans cet être, le premier de tous ceux qui peuplent la terre, & l'abrégé de tes perfections ? Altérée par l'éducation, défigurée par la fausse science, dégradée par notre goût pour les frivolités, perdue & presque anéantie dans un tas de préjugés, de passions, & d'abus de soi-même, comment démêler ce qui est à toi de tout ce qui n'en est pas. Au milieu de cette nuit profonde à peine j'apperçois çà & là quelques rayons de lumiere, moins propres à me conduire qu'à m'empêcher de m'égarer. Le peuple, les enfants, les sauvages, voilà les seuls d'entre les hommes dans qui je retrouve le mieux l'empreinte de la nature, * parce qu'ils sont les plus éloignés de toutes les sources d'altération que je viens d'indiquer. C'est donc dans ces trois états qu'il faut la contempler relativement à l'objet qui nous intéresse.

---

* Il me feroit facile de montrer la connexion réelle & presque nécessaire qui se trouve entre le luxe des Grands, la politesse des peuples civilisés, les préjugés de l'homme fait, & cette altération de la nature. Je pourrois encore ajouter de belles tirades contre tout cela ; mais je supprime volontiers des raisons qui sont inutiles parce qu'on les sent, & des déclamations plus inutiles encore parce qu'elles ne prouvent jamais rien.

Que

Que du sein des voluptés nos Sibarites ne jettent sur le peuple que des regards de mépris ou de pitié ; le Sage ne le contemple qu'avec des yeux d'envie. Il n'y voit que des hommes pour qui presque seuls la nature existe encore. C'est elle qui regle leurs desirs & leurs besoins, leurs plaisirs & leurs goûts. J'apperçois bien quelques superstitions parmi eux, parce qu'elles naissent de l'ignorance ; j'y vois très-peu de préjugés, parce qu'ils sont l'abus de la raison, & que le défaut d'éducation joint à l'application continuelle au travail des mains, les empêche d'abuser de cette faculté de leur ame. La raison est pour eux ce qu'elle devroit être pour nous tous, une regle de conduite & non une source d'erreurs.

Réputation, gloire, immortalité, vous ne réveillez aucune idée dans leur esprit. L'intérêt est l'unique sentiment qui les occupe ; & si quelques-uns cherchent la considération, ce n'est que pour en faire un degré à leur fortune.

Qu'ai-je dit ? & quels cris s'élevent contre moi ? Vois-je donc d'un œil jaloux la gloire qu'acquierent quelques-uns de mes concitoyens dans des professions utiles ou agréables ? Voudrois-je la ternir en leur prêtant des motifs qu'on appelle bas & honteux, & qui ne font que raisonnables tant qu'ils ne passent pas les bornes de la probité ? A Dieu ne plaise. Je suis citoyen, & j'en fais gloire ; mais je crois voir la vérité, & je ne sais pas la trahir. Qu'on me le dise, pourquoi tant d'Ouvriers renoncent-ils à la profession où ils excelloient lorsqu'une fois ils s'y sont enrichis, si ce n'est parce que l'intérêt ne les anime plus ? Ce sont les passions qui sont les ressorts de notre nature : si-tôt qu'elles cessent de nous entraîner, nous cessons d'avancer. Si l'on s'arrête donc dès que l'intérêt crie : C'est assez ; c'est que l'intérêt tout seul agitoit l'ame.

Qu'on me le dise encore : pourquoi tandis que notre siecle possede une foule d'hommes excellents dans les Arts, notre postérité ignorera-t-elle presqu'entiérement nos succès en ce genre ? Ce n'est pas sans doute que nos Artistes manquent de génie : mille ouvrages délicats & bien travaillés annoncent leurs talents à tous les yeux. C'est que leur intérêt les enchaîne à nos modes, à nos goûts, à nos caprices ; c'est que ces Artistes que nous estimons tant font partie de ce peuple que nous méprisons trop, & que l'idée ou le sentiment de l'immortalité n'entre gueres dans l'ame d'un homme du peuple. La nature, sans le secours de l'éducation & d'une certaine étude, ne sauroit s'élever jusques-là.

Il en est de ce desir comme de tant d'autres que nous croyons naturels, parce que de bonne heure nos maîtres en ont jeté la semence dans nos cœurs. Eh quoi ! les jours de notre enfance, ces jours les plus précieux de notre vie, ces jours sur lesquels la nature seule a des droits, & qui ne devroient être consacrés qu'à lui laisser le soin de se développer, ne sont-ils donc employés qu'à boire à longs traits dans la coupe des préjugés ? Arrêtons-nous un moment sur cet état que nous regrettons presque tous : nous y verrons de nouvelles preuves de la vérité que je cherche à établir. Peut-être voudroit-on que je donnasse plus d'étendue à mes preuves ? Peut-être trouvera-t-on que j'effleure tout & que je n'approfondis rien : mais j'ai beaucoup à dire & le temps est borné.

C'est dans les enfants, c'est dans ces êtres sortis tout fraîchement des mains de la nature qu'il est utile de la considérer & de suivre ses développements. Presque par-tout ailleurs je ne vois que des idées de convention, & des sentiments factices. Mais pour la trouver telle qu'elle est, il faut la voir sans prévention. L'homme qui voit tout dans ses préjugés, ne retrouve que ses préjugés dans tout ce qu'il examine.

Ainsi ne manqueroit-on pas d'appercevoir le germe du desir de s'immortaliser dans certaines réponses si souvent attribuées aux fils des Grands, des Princes, des héros, & recueillies avec avidité comme l'augure de leur héroïsme futur. La nature auroit-elle donc une conduite à part pour quelques hommes privilégiés? Non; ses regles sont simples, mais invariables. Quand on vous répete donc ces saillies qui semblent annoncer dans les enfants une ardeur si vive pour la gloire; commencez par vous défier de ce qu'en dit la flatterie; elle est intéressée à louer tout dans les Grands : retranchez ensuite ce que l'imbécillité y suppose; elle admire tout parce qu'elle n'examine rien : ôtez enfin tout ce qu'a mis dans ces réponses admirables la charlatanerie d'un Instituteur habile, & vous n'y verrez plus que le prodige

D iij

de l'enfant né avec une dent d'or. *

Ainſi croiroit-on voir le principe du deſir de perpétuer ſa mémoire, dans cette envie de ſe diſtinguer, dans cette émulation qui ſemble animer les enfants que l'on applique à l'étude. Ces choſes je les remarque tout comme les autres; mais je n'y vois point encore un ſentiment qui ſoit dans l'ordre de la nature. Par combien de moyens ne faut-il pas le faire naître? Par combien d'autres ne faut-il pas le ſoutenir & l'empêcher de s'éteindre?

A peine les yeux d'un enfant ſont-ils bien ouverts à la lumiere, à peine eſt-il capable de faire quelque attention aux ſons qui frappent ſon oreille, que nous nous hâtons de lui donner notre maniere de voir & de ſentir. Ses ſenſations, qui ne devroient être pour lui qu'un moyen de développer ſes idées ou d'en acquérir, ne ſont plus que le véhicule qui fait paſſer

---

* Voyez l'hiſtoire des Oracles de M. de Fontenelle.

nos préjugés dans son ame. Autour de lui s'élevent des voix sans nombre, pour lui apprendre, non ce qui est bien ou mal en soi, son cœur le lui enseigne assez promptement ; mais ce qu'il nous a plu d'appeller honnête ou blâmable. Des caresses ou des privations, auxquelles tout enfant est naturellement sensible, sont comme chargées de lui faire aimer des éloges, ou craindre des reproches auxquels nous sommes convenus qu'il étoit beau de n'être pas indifférent. Le châtiment accompagne la réprimande, la récompense suit presque toujours l'approbation, afin qu'une sensation toute naturelle établisse un sentiment qui ne l'est pas ; & s'il l'étoit, la nature qui l'auroit mis dans notre cœur, n'aideroit-elle pas elle-même à l'y faire germer ? Qui nous apprend à aimer ? Qui nous enseigne à chercher notre intérêt ? Dès que la nature parle, il n'est guere besoin d'autres maîtres.

Voyez cette foule d'enfants que

la misere exclut de nos Ecoles & de nos Académies, & qui des ma[...] de la nature ne passent point dans celles des préjugés. Montrez-moi dans eux la moindre trace de cette émulation que fait naître l'éducation seule, & qu'elle voit si rarement se soutenir malgré ses efforts réitérés. Que sont-ils autre chose qu'une troupe de fourbes & de frippons, * de cœurs intéressés & d'esprits artificieux ? Tout cela est naturel, parce que tout cela suit du sentiment de sa propre conservation, la racine & la source de l'intérêt personnel. Mais cet amour de la gloire, mais ce desir d'éterniser son nom, qui fait quelquefois ce que nous nommons des héros, & ne fait jamais de grands hommes, il ne regne que sur les ames imbues de préjugés : jamais il

---

* C'est une réflexion vraie ; humiliante pour l'homme, mais bien glorieuse pour le Sage. Nos défauts semblent tenir davantage à la nature, & nos vertus à la raison. Ainsi par-tout on retrouve des traces du péché originel & de la dégradation de l'homme.

n'entra dans celles que la nature a pris soin de former.

Jetons les yeux sur ces contrées immenses, où seule elle commande à tout ce qui respire, où l'éducation n'en fait pas son esclave, & où jamais notre folle curiosité n'altéra ses leçons sublimes en y mêlant des études qui ne font rien à notre bonheur. Là réunis par le besoin, sans être jamais distingués par des préjugés humiliants, vivent des hommes que nous regardons comme sauvages parce qu'ils jouissent pleinement de leur liberté, & que nous traitons de grossiers parce qu'ils ignorent ce commerce de faussetés que nous avons nommé politesse. Là les peres n'ont d'autre temple de mémoire que le souvenir de leurs enfants ; les mœurs de ceux qui vivent sont l'histoire de ceux qui ont vécu : les espérances éloignées, les desirs chimériques, n'affligent point leur ame : ils ne songent qu'à satisfaire les besoins présents. Il importe de le bien remarquer ; le besoin seul est l'indication de la nature : c'est l'éducation, ce sont les préjugés au milieu desquels nous vivons, qui font naître ces desirs * par lesquels nous sommes impétueusement poussés vers un objet. Ils supposent qu'on a calculé ses forces, & qu'on les a comparées ; qu'on a vu les moyens, & qu'on les a combinés ; qu'on a préparé le succès, & prévu les ressources : toutes choses auxquelles ne sauroit s'élever l'homme qui n'a eu de maître que la nature ; ses idées sont simples comme ses mœurs, & ses desirs ne s'étendent pas au delà de ses besoins actuels.

Si l'habitude à chercher sa nourriture dans les forêts, ou à la défendre contre de fiers animaux, si la vie dure à laquelle la nature a formé le sauvage, lui font faire des

---

* Le desir de s'immortaliser est un des plus violents de tous, parce qu'il est un des moins naturels. Voyez la 2. note ci-après.

actions grandes & héroïques, la vanité n'y ajoute sûrement aucune prétention. La vanité ! elle est le résultat de la connoissance que l'on a de la foiblesse ou de la simplicité des autres, & de la bonne opinion de soi-même : à peine le sauvage sent-il qu'il existe. L'art des combats est le seul où sa situation lui permît de se distinguer : mais si la nécessité lui fait prendre les armes, la paresse si naturelle à l'homme les lui fait bientôt quitter, pour jouir à son aise des fruits de sa victoire, & dévorer ceux qu'il a vaincus. Les troupeaux d'hommes qui couvrent les vastes campagnes de l'Amérique nous sont aujourd'hui assez connus; de quel Huron, de quel Iroquois a-t-on jamais dit : Il brûla du desir de s'immortaliser, & il devint le fléau ou le vainqueur de ses voisins ? Cette folle ambition de se distinguer & de vivre dans la mémoire, qui enfanta parmi nous les Alexandres, les Pyrrhus, les Charles XII, a-t-elle jamais mis le fer & le feu à la main de l'habitant des rives de l'Orénoque ? L'a-t-on vu, guidé par cette paſſion funeſte, raſſembler pluſieurs hordes diſperſées, porter le deuil & le ravage chez ſes ſemblables, s'élever enſuite ſur un tas de cadavres, de cendres & de débris, & ſe mettre une couronne de lauriers ſur la tête ? Dieu ! que de crimes vous auriez épargnés à la terre, ſi les ſauvages n'euſſent eu d'autres conquérants à craindre que ceux qu'eût formé dans leurs climats le deſir d'éterniſer ſes actions & ſa mémoire !

Ce deſir n'eſt du tout point conforme à la nature ; je crois l'avoir montré. Pour ne laiſſer rien à deſirer ſur cet article, il ne reſte plus qu'à en chercher la raiſon ; & cette recherche, en nous prouvant combien il eſt oppoſé à la nature, achevera de jeter la lumiere ſur le fait que j'ai tâché d'établir.

Il eſt au dedans de nous un ſentiment le plus frappant de tous, parce qu'il est indépendant des caracteres & des climats, de l'éducation & des préjugés ; un sentiment le plus généralement répandu, puisqu'il nous est commun même avec les animaux, parmi lesquels l'homme est forcé de se ranger quand il ne se considere que du côté des sensations ; un sentiment qui étant comme le premier ressort de toute l'économie animale, est le seul qui puisse directement se rapporter à la nature : c'est ce desir de notre propre conservation, ce desir de notre bien-être qui nous attache si fort à nous-mêmes, malgré les besoins multipliés auxquels notre corps est assujetti ; qui nous fait frissonner, qui nous pénetre d'une secrette horreur à la seule idée qu'un jour nous serons rayés du nombre des êtres avec lesquels nous partageons le bienfait de la vie. Ce que je dis là me paroît incontestable. Or la nature ne peut être opposée à elle-même, par la raison qu'une même chose ne peut pas tout à la fois être & n'être pas. Lorsque je trouve donc dans la nature un sentiment généralement établi, & que ce sentiment en exclut un autre dont l'existence est beaucoup plus douteuse ; je ne dois pas, à la vérité, contester la réalité de celui-ci ; mais le rapportant, si l'on veut à quelqu'autre principe, je me garderai bien de l'attribuer à la nature, qui le désavoue.

En effet quel est le langage de la nature? Que nous crie-t-elle à tous depuis l'instant où nous avons pu entendre sa voix ? O hommes ! veillez avec soin sur les jours que je vous ai confiés. Evitez comme des poisons dangereux tous les excès qui pourroient en abréger le cours. S'épuiser de fatigues, s'user de travaux, c'est être homicide de soi-même, & criminel envers moi.

Etoit-ce ainsi que l'amour de la gloire parloit au vainqueur de Darius, lorsque, malgré les cris de la nature, * il l'entraînoit à travers les hazards ? Etoit-ce ainsi que la passion de l'immortalité parloit à Demosthene, le premier des hommes dans l'art d'émouvoir les passions, lorsqu'elle l'enchaînoit dans des souterreins obscurs, pour y étudier dans le silence & dans la peine le secret de forcer l'estime de ses concitoyens, & de captiver les suffrages de la postérité ?

Tous les jours on attribue à la nature ce qui n'est que l'ouvrage de la société ; mais ici la différence est aussi marquée que celle qui sépare les ténebres de la lumiere. Le sentiment de sa propre conservation est absolument opposé au desir de s'immortaliser : cependant le premier est conforme à la nature, on ne sauroit le nier : le second ** n'est donc que l'ouvrage des préjugés, de

---

* Alexandre au milieu des fatigues de ses conquêtes s'écrioit : O Athéniens, qu'il en coûte pour être estimé de vous !

** On me dira : Si ce desir est opposé à la nature, d'où vient est-il donc si violent ? Je répondrai avec ce Philosophe profond, qui semble n'avoir étudié notre

l'éducation, & de ce tas de choses qui dans l'ordre des mœurs ont si fort altéré notre constitution primitive.

Nouvelle preuve en faveur du sentiment que je soutiens. De sa nature l'homme est paresseux. C'est le châtiment qui plie au travail le corps de l'enfant qui vient de naître ; c'est l'indigence qui tient l'habitant de la campagne sans cesse courbé vers la terre qu'il arrose de ses sueurs ; c'est la peur de mourir de faim qui arrache le sauvage du pied de l'arbre où il a cherché le sommeil après y avoir trouvé sa nourriture ; enfin c'est après le repos que chacun de nous soupire. Le travail est un état violent. La raison en est toute simple. Il faut à l'homme des besoins pour le faire agir ; & les besoins de la nature étant bientôt satisfaits, parce qu'ils sont très-bornés,

---

nature que pour en médire : C'est que moins les besoins sont naturels, plus les passions augmentent. *J. J. Rousseau*, Disc. sur l'inégal. des condit.

l'état

l'état habituel de l'homme vivant selon la nature doit être un état de paresse & d'inaction.

Il se trouvera sans doute ici des Orateurs qui prétendront que le desir de perpétuer son nom & ses actions, ce desir qui commande tant de peines & tant de travaux, est un desir où l'on ne voit rien que de naturel. Qu'ils m'apprennent donc le secret de concilier les contradictions que je viens d'indiquer : mais au moins qu'ils n'aillent pas me montrer la nature telle qu'elle existe dans les livres, où je ne la vois jamais peinte que de la main des préjugés ; qu'ils me la montrent comme elle est en elle-même, & sur-tout qu'ils ne confondent pas l'homme de la nature avec l'homme de la société.

Je sais déjà tous les beaux propos qu'ils me débiteront d'après quelques Poëtes chez qui une idée brillante tient toujours lieu de raison, ou sur la foi de quelques Philosophes qui voient tout en eux-mêmes, & qui en ne faisant que leur portrait, croient peindre tout le genre humain. Mais ce n'est pas là ce que l'on demande : il ne s'agit pas de savoir si le desir de perpétuer son nom & ses actions a trouvé des panégyristes, & s'il est analogue aux idées de quelques hommes ; mais s'il est conforme à la nature. Il me paroît évident que non. L'on demande encore s'il est conforme à la raison. Nouvelle question, à laquelle je vais répondre avec franchise, & en continuant de m'appuyer moins sur l'autorité que sur les raisonnements.

SECONDE PARTIE.

C'est une vérité dont la preuve est au fond de tous les cœurs : la raison, cette ame de notre ame, le caractere essentiel de l'homme, ne nous a été donnée que pour nous conduire d'une maniere qui soit digne de nous & du Dieu qui nous a formés. Elle doit donc désavouer, rejetter, combattre un sentiment inutile en lui-même, frivole dans son objet, presque toujours déraisonnable & dangereux dans les moyens qu'il commande : trois caracteres frappants de ce desir de perpétuer son nom & ses actions dans la mémoire des hommes.

Sentiment inutile. On ne peut considérer l'homme que sous deux rapports, comme homme ou comme citoyen. Dans chacun de ces états il a ses devoirs à remplir; & la raison, qui ne le laisse jamais manquer de lumieres pour les appercevoir, lui suggere aussi des motifs puissants pour l'y engager, & des moyens efficaces pour en venir à bout. Le desir de s'immortaliser entre-t-il dans ce plan de motifs & de moyens ?

Adorer l'Etre suprême, & régner sur des passions, plus terribles cent fois que ces fiers ouragans qui se disputent l'empire des mers : voilà l'obligation de tout homme considéré sans aucun rapport avec d'autres hommes comme lui. De quels objets la raison frappera-t-elle son esprit, pour lui faire aimer, pour lui faire accomplir des devoirs moins pénibles à sa volonté que glorieux à sa nature ? J'en appelle à la conscience de chacun de nous. Tantôt elle lui montre un Dieu bienfaisant préparant des récompenses éternelles à l'homme vertueux ; tantôt elle lui fait pressentir cette satisfaction plus délicieuse mille fois que tous les plaisirs des sens, de faire le bien & de pratiquer la vertu ; jamais elle ne le repaît de l'espoir chimérique de vivre dans la mémoire de ses semblables. La premiere leçon que la raison nous donne, c'est de maîtriser nos passions : comment veut-on qu'elle avoue celle de toutes qui est la plus capable de nous asservir & de nous dominer ? O lumiere divine, ô raison, écarte soigneusement de mon esprit & de mon cœur cette idée, ce sentiment qui nous fait souhaiter de perpétuer sa mémoire. Mes yeux frappés de cet éclat chimérique se détourneroient bientôt des promesses magnifiques du Créateur. Bientôt partagée entre les biens éternels que tu me proposes & l'immortalité toute humaine dont mes préjugés me flattent, mon ame déshonoreroit l'Etre suprême, par-là même qu'elle ne l'honoreroit pas sans réserve. Bientôt s'éleveroit au dedans de moi une passion puissante que tous tes efforts ne pourroient enchaîner; & malheur à moi si faisant taire toutes les autres, elle venoit à dominer seule dans mon cœur: figurez-vous un vainqueur superbe qui ne soumet une foule de petits tyrans que pour s'élever sur leurs débris, & régner plus impérieusement lui-même. O raison! ce desir impétueux ne sauroit être conforme à toi; ce seroit t'outrager que de le croire: non, tu n'es point d'accord avec des maîtres cruels que tu nous ordonnes de vaincre.

A ces mots, que le Sage répete dans le silence de sa retraite, il n'y a que la politique qui puisse se récrier. Hélas ! sous prétexte de faire concourir tous les hommes au bien commun de l'Etat, elle ne fait bien souvent que les en écarter. Aux motifs vrais & sublimes, les seuls capables de faire naître dans les ames cet enthousiasme de vertu qui les saisit & les jette au milieu de leurs devoirs, elle substitue de petits préjugés qui égarent presque toujours les ames foibles qu'ils ont le secret de frapper. Semblables à ces feux errants qui séduisent le voyageur peu avisé : il les suit avec confiance ; il croit faire beaucoup de chemin, & il arrive sur le bord d'un abyme.

Ce n'est pas ainsi que la raison conduit les citoyens qui marchent à sa lumiere. Ne craignez pas qu'elle cherche à échauffer leur imagination par le desir de perpétuer son nom & ses actions : elle sait trop combien il est opposé à cet amour de la patrie, qui doit être l'unique mobile de tout homme vivant en société.

En effet qu'est-il, cet amour si naturel & si puissant ? qu'est-il, si ce n'est *l'intérêt général devenu l'intérêt particulier*, & l'amour des hommes avec qui l'on vit réuni sous les mêmes loix & sous le même gouvernement, devenu l'amour propre & personnel ? Sentiment plein de chaleur & d'activité; né avec nous, il s'accroît, il se fortifie par la réflexion; & la raison, qui le regarde comme le plus fort des liens de la société, travaille, aime à le faire germer, & à nous élever par lui à l'héroïsme le plus décidé. Substituez-lui pour un moment le desir de s'immortaliser; aussi-tôt l'homme se met à la place de la patrie; chacun ne s'occupe que de lui-même, devient l'unique centre de ses vues, de ses projets, de ses démarches: & tandis que le citoyen dévoué tout entier au salut de l'Etat, ne consulte ni les temps, ni les lieux; l'homme qu'anime la passion de l'immortalité, étudie les circonstances les plus propres à le faire briller, & ne paroît que dans les lieux d'où il peut plus facilement fixer tous les regards. A l'un il ne faut de témoins que sa patrie & sa conscience; l'autre compte les spectateurs, afin de pouvoir graver dans la mémoire d'un plus grand nombre d'hommes son nom & ses actions. Le premier sert ses semblables parce qu'il les aime, le second ne les sert que parce qu'il veut en être connu. Celui-là ne consulte que les préceptes immuables de la raison; celui-ci n'écoute que les caprices de sa vanité. Là c'est Aristide qui banni par ses concitoyens, conjure encore le Ciel de pas envoyer à sa patrie des malheurs qui la fassent souvenir de lui; ici c'est tout au plus César ou Pompée qui se réjouissent en secret des troubles & des guerres de Rome, dans l'espérance de pouvoir déployer des talents qui lui seront devenus nécessaires. Concluons. La raison fait des citoyens ; le desir de s'immortaliser ne fait que des ambitieux * : & il faudroit un Sophiste bien éloquent pour me faire confondre deux choses si distinguées.

Gardons-nous-en sur-tout dans les hommages que nous rendons à ces hommes célebres qui ont bien mérité de la patrie. Si nous mettons encore la reconnoissance au nombre des vertus, craignons d'affoiblir l'étendue de leurs services & de notre gratitude, en essayant de persuader qu'ils ne travailloient à nos intérêts que pour arriver à la gloire. Non, je ne croirai jamais que ce soit le desir de s'immortaliser qui ait entraîné un Montcalm loin des siens, au milieu des bois & des marais du Canada. Ce sont ses propres concitoyens qu'il

---

* On m'accusera peut-être de confondre l'amour de la gloire & le desir de s'immortaliser : je sais bien que ce n'est pas tout-à-fait la même chose ; mais qu'on y prenne bien garde : l'un est le fondement de l'autre, & il est difficile de montrer le vuide de la passion de l'immortalité, sans attaquer l'amour de la gloire, qui en est le principe.

alloit secourir ; c'est le sceptre de mon Roi qu'il alloit faire respecter. La gloire ne l'accompagnoit-elle pas déjà dans nos climats ? C'est le devoir qui le conduisoit parmi ces sauvages, qui ont vu leur liberté & notre fortune se précipiter dans le tombeau de ce grand homme. J'aime à le penser ; son ame sublime ne se laissoit guider que par des sentiments élevés & solides, & non par un sentiment frivole & puérile dans son objet : second caractere du desir de perpétuer son nom & ses actions.

Il y a cette différence bien réelle entre les objets que la raison nous propose, & ceux que les préjugés présentent à notre imagination, que les premiers ont toujours une vérité, une grandeur intrinseque, tandis que les autres sont sans réalité, & n'ont qu'une grandeur apparente, ou tout au plus arbitraire. Analysons à présent cette immortalité qui est l'objet du sentiment dont nous cherchons ici le principe ? Qu'est-elle ? Un état trompeur, puisqu'il ne nous donne qu'une existence toute imaginaire & uniquement fondée sur les illusions de notre esprit ; un état chimérique, puisqu'il ne ressemble du tout en rien à la seule immortalité à laquelle notre ame puisse prétendre ; un état peu avantageux, puisqu'il ne pourra ni ajouter à notre bonheur réel, ni diminuer notre mal-être ; un état peu constant, puisqu'il ne faut qu'une ou deux générations d'hommes frivoles ou ignorants pour plonger dans un oubli éternel, & le nom & les actions des héros ; enfin un état peu distingué, puisque les grands crimes immortalisent comme les grandes vertus.

A cette description, que je ne cherche point à charger, & dont la vérité a quelque chose de frappant, que pourrois-je ajouter qui n'affoiblît les preuves que je prétends en tirer ? Observerai-je ici combien différente est cette gloire que la raison nous fait trouver à régner sur ses passions & à devenir le bienfaiteur de ses semblables ? honneur bien réel, puisqu'outre les liaisons nécessaires qu'il a avec notre bonheur, il nous rapproche du premier Etre, la regle infaillible de toute gloire & de toute grandeur créée. Demanderai-je ensuite comment il se pourroit faire que, par une contradiction surprenante, cette raison, qui ne nous conduit jamais que par des vues grandes & sublimes, tournât elle-même toutes nos puissances vers un objet frivole ou sans réalité; comment il pourroit arriver que ce rayon divin qui nous est donné pour séparer le vrai du faux, nous enflammât pour des illusions & des mensonges ? Toutes ces questions deviennent inutiles : où les choses parlent si clairement, il faut peu de paroles. Je me hâte de passer au troisieme caractere de ce desir d'éterniser sa mémoire ; c'est qu'il commande très-souvent des moyens déraisonnables & dangereux.

Une République célebre condamnoit à l'exil tout citoyen qui s'élevoit trop au dessus de ses semblables. Je ne viens pas sans doute approuver un usage qui obligea Themistocle & Aristide à chercher un asyle loin des murs dont ils faisoient la sûreté & la gloire ; mais aussi je ne saurois me résoudre à blâmer une institution qui n'est pas seulement fondée sur la politique particuliere à la conservation d'une République : je ne puis me persuader que la raison la désavoue absolument. En effet, qui ne voit combien il est dangereux de fomenter dans les hommes cette fureur de se distinguer, cette envie de faire parler de soi, ce desir de perpétuer son nom & ses actions ?

Ici, Messieurs, quelle foule d'objets se présente à moi ! Ce n'est pas seulement un temple superbe réduit en cendres & portant encore sur ses débris le nom de l'insensé qui le livra aux flammes ; ce sont des royaumes saccagés, ce sont des Empires détruits, c'est Rome noyée dans le sang de ses enfants & livrée aux fureurs d'un Catilina, ou aux proscriptions d'un Silla, hommes affreux, qui sur les corps palpitants de leurs freres massacrés par leurs mains, cherchoient à s'élever à la gloire & à l'immortalité.

Qu'on ne me dise pas que c'est l'abus que j'attaque. Si le desir d'éterniser sa mémoire ne commandoit que des choses honnêtes & utiles, il est évident que toutes ces horreurs ne seroient qu'un abus dont je ne pourrois du tout rien conclure : mais au lieu de déclamer, discutons. Ne nous arrêtons pas même à remarquer que le crime ouvre à la célébrité une route toute aussi sûre & souvent plus prompte que la vertu & les belles actions. Une réflexion me frappe. Pour graver son nom & ses actions dans la mémoire des hommes, il faut faire des choses auxquelles les hommes fassent attention, & dont ils soient comme convenus de se souvenir, soit parce qu'elles sont analogues à leurs idées, soit parce qu'elles sont conformes à leurs goûts. Le principe est évident ; il est dans la nature même de la chose. Hélas ! pourquoi faut-il que les conséquences en soient tout à la fois & si fâcheuses & si vraies ?

C'est-à-dire que chez des nations corrompues le crime seul nommeroit les héros, & qu'il y a peut-être tel peuple chez qui Cartouche eût été le plus grand des hommes.

C'est-à-dire que chez des nations frivoles, l'Artiste agréable seroit plus fêté que l'Ouvrier utile, & que les générations conserveroient avec soin la mémoire de celui qui auroit imaginé les plus beaux vernis, tandis qu'on oublieroit le nom du bon citoyen qui auroit ouvert de nouvelles branches de commerce ou perfectionné l'Agriculture.

C'est-à-dire que chez des nations courageuses, le Monarque qui auroit fait fleurir les Arts & fixé dans ses Etats la paix & l'abondance, seroit moins estimé, moins célébré que le conquérant qui auroit épuisé ses sujets, afin d'asservir ses voisins, & fait de leurs champs des amas de tombeaux après avoir fait de ses campagnes des solitudes immenses : en un mot le guerrier qui massacre les hommes y seroit plus connu que le citoyen qui auroit sauvé la vie à ses semblables. *

N'y eût-il que cet esprit de conquête dont les suites déplorables font regretter à l'univers le chaos d'où il a été tiré, c'en seroit bien assez pour que la raison désavouât ce desir

---

* Plût-à-Dieu que ce ne fût qu'une supposition oratoire plutôt qu'une vérité historique : cependant, sans vouloir réaliser par des exemples toutes les hypothèses que je fais ici, ce qui me seroit facile, mais me jetteroit trop loin ; n'entends-je pas dire tous les jours qu'en telle année, par exemple, deux héros réunis contre Villars lui disputoient la victoire dans les plaines de Malplaquet ? & personne n'ajoute que cette année-là même Daguesseau déroboit des milliers de citoyens aux horreurs de la famine, qui plus redoutable qu'un conquérant armé, portoit la désolation dans nos provinces.

d'immortaliser

d'immortaliser sa mémoire, qui en est évidemment la premiere source ; puisque chez tous les peuples, l'art de mener les hommes aux combats, est le seul proprement qui fasse les héros, ou qu'il est du moins la route qui mene le plus glorieusement à l'immortalité.

Quel est encore le principe de tous ces systêmes affreux qui, en immortalisant les Diagoras, les Leucippe, les Hobbes, les Spinosa, ont peuplé l'univers d'impies & de méchants ? Sans ce desir funeste d'éterniser son nom, jamais ces hommes malheureusement trop fameux n'eussent cherché à se frayer de nouvelles routes, à la honte des mœurs & de la raison.

Le desir de perpétuer son nom & ses actions est une passion aveugle comme toutes les autres ; mais elle est beaucoup plus forte, d'abord parce qu'elle tient plus à nos préjugés *

_____

* Les passions qui se rapportent directement à la nature peuvent être plus facilement asservies à la rai-

qu'à notre nature, en second lieu, parce qu'elle commande de plus grandes choses pour arriver à son but, & que la violence de nos passions s'accroît en proportion des difficultés qu'elles rencontrent. C'est un torrent impétueux qui ne roule guere que des calamités. Ce n'est pas à ce fracas, ce n'est pas à ce désordre que je reconnois l'impulsion douce & toujours bienfaisante de la raison. Gardons-nous donc de rapporter à elle un sentiment inutile à l'homme qu'elle est chargée de conduire, frivole dans l'objet qu'il se propose, presque toujours condamnable dans les moyens qu'il commande.

O ma Minerve, ô raison ! c'est ta cause que j'ai tâché de défendre, c'est ta gloire que j'ai entrepris de venger ; puisses-tu avoir porté ton flam-

---

son, parce qu'elle peut agir contre elles de toute sa force. Mais elle n'a pas le même avantage sur les passions qui tiennent à nos préjugés, puisqu'il leur est essentiel de ne subsister que par l'abus de la raison.

beau devant tous mes pas! Le suffrage des Sages qui m'écoutent flatteroit infiniment mon cœur. Cependant si quelqu'un de mes rivaux a su mieux que moi soutenir les droits de la nature & les tiens, le plaisir de te voir triompher me consolera de n'avoir aucune part à ton triomphe. J'imiterai cet Athénien, qui n'ayant pas été choisi parmi ceux que l'Etat chargeoit de veiller à sa conservation, félicitoit sincérement sa patrie de ce qu'elle avoit beaucoup de citoyens meilleurs que lui.

FIN.

www.ingramcontent.com/pod-product-compliance
Lightning Source LLC
LaVergne TN
LVHW050615090426
835512LV00008B/1508